Nicolaus Hansen

CHRISTEN SIND ANDERS

– Skizzen einer christlichen Existenz –

Reinhard Kawohl Wesel
Verlag für Jugend und Gemeinde

Taschenbuch-Bestell-Nr. RKW 207

Taschenbuch-Bestell-Nr. RKW 207

2. Auflage

Verlag für Jugend und Gemeinde

Titelfoto: M. Ruckszio
Umschlaggestaltung: RKW
ISBN 3-88087-207-4

Nicolaus Hansen

CHRISTEN SIND ANDERS

Inhaltsverzeichnis

Vorwort des Verfassers 7
Der neue Mensch in Christus 9
Andersartigkeit und Solidarität der Christen 11
Vom Verfolger der Christen zum Völkerapostel 13
Nächstenliebe. Zum Beispiel: Mutter Teresa 16
Feindesliebe. Zum Beispiel: Festo Kivengere 18
Christus und die Religionen 20
Der Christ und seine Bibel 22
Christen haben eine andere Hoffnung 24
Christen sehen ihre Kirche anders 25
Die Christen und ihre Pastoren 27
Wir Evangelischen und die anderen Christen 29
Der Christ und seine Mitmenschen 31
Christen leiden anders 33
Vom seligen Sterben 34
Zwischen Kyrie eleison und Halleluja 36
Die Sünde macht keinen Spaß mehr 37
Christen politisieren anders 38
Christen singen und musizieren anders 40
Christen feiern ihre Feste anders 41
Christen haben einen anderen Humor 44
Das sogenannte »christliche Elternhaus« 47
Sport und Spiel (Christen in weltlichen Klubs)? 49
Jeder Christ lebt seinen Frömmigkeitsstil 50
Jeder Christ betet anders 52
Ehe und Familie 53
Liebe und »Sex« 54
Einsamkeit und Alleinsein 56

Christen arbeiten und schaffen anders 58
Vom einfachen Lebensstil 59
Der Leserbrief als missionarische Möglichkeit 61
Nicht von der Welt, aber in der Welt und
für die Welt 63
ER gibt Heilsgewißheit 66
Nachwort 68

Vorwort des Verfassers

Vermutlich wird der geneigte Leser beim Durchblättern dieses schmalen Bandes den Verfasser unter die Evangelikalen einordnen. Wenn man unter diesem Sammelbegriff solche Leute registriert, die durch Gottes Wundertat eine Wiedergeburt erfahren haben, die eine personale Beziehung zu Jesus Christus haben, die ihre Mitmenschen zum Glauben an diesen Jesus einladen, die sich auf seine Wiederkunft freuen und die Auseinandersetzung mit den Irrtümern der Zeit nicht scheuen, so würde ich mich als Evangelikalen verstehen, viel lieber jedoch als lutherischen Pietisten oder als pietistischen Lutheraner, je nach dem Charakter der Aussage, am dringlichsten aber als einen Schüler der Heiligen Schrift.

Der Untertitel dieser Schrift will besagen, daß es hier um Skizzen im echten Sinn des Wortes geht. Die Skizze in der Gestalt des Wortes kann und soll nicht schon das Ganze beschreiben, jedoch auf das Ganze des Christseins deutlich hinweisen, jeweils durch ein konkretes Thema, das aber nur angerissen wird.

Es handelt sich also nicht um Aufsätze, sondern um einige Gedanken und Erfahrungen, die zum Weiterdenken anregen können. Das Ganze ist natürlich keine Biographie, obwohl die meisten Einzelthemen durchaus persönlich gefärbt sind und einiges aus dem Leben des Verfassers mitteilen, übrigens aus einem kleinbürgerlichen Leben eines norddeutschen Familienvaters, der von Beruf Lehrer war. Sein persönliches Christsein wird sparsam skizziert, das Ganze wäre viel mehr und vermutlich erst vom Ende, vom Ziel her völlig zu erfassen.

Mancher Leser wird seine persönliche christliche Existenz mit der des Autors vergleichen können, eventuell wird er auch Protest anmelden. Was auch immer, – auch die christliche Existenz der Nachfolger Jesu als solche kann hier nur angedeutet werden. Es geht hier eben in erster Linie um die Andersartigkeit der Jünger Jesu in dieser Welt und Zeit und nicht so sehr um die Frage:

»Wie werde ich ein Christ?« Die Frage nach der Geburt des neuen Menschen wird jedoch in einem der ersten Kapitel dem Wesen nach beantwortet.

Es handelt sich also im wesentlichen um einen Beitrag zum Thema des missionarischen Jahres 1980. »Christ aktuell«, so heißt das Reizwort, das einzig und allein begründet werden kann in dem »Christus heute«. Der Auferstandene will in seinen Christen eine »Gestalt gewinnen« (Gal. 4, 19). Die Welt braucht neue Christen und erneuerte Gemeinden, die transparent werden für Jesus, damit unsere Zeitgenossen in ihrer Orientierungslosigkeit Lust bekommen, auch diesem Nazarener nachzufolgen.

NICOLAUS HANSEN

Heide, im Sommer 1979

Der neue Mensch in Christus

Es geht zur Zeit eine verzweifelte Sehnsucht durch die Völker, die Rassen, die Gruppen und die Herzen der einzelnen, eine Sehnsucht nach der Geburt des neuen Menschen.

Was für eine Summe an Denkbemühungen, an Kongressen und an Realisierung von Programmen geschieht in der ersten, in der zweiten und in der dritten Welt, um Erneuerung auf allen Ebenen herbeizuführen! Innovation – Erneuerung, so lautet das Schlagwort.

Am liebsten möchte man endlich den »Homunkulus«, diesen künstlich erzeugten Menschen in Goethes Faust aus der Retorte heben. Die unheimlichen technischen Möglichkeiten zur Veränderung der Genstruktur des homo sapiens rücken in greifbare Nähe.

Oder man probiert es mit neuen Weltanschauungen und Religiönchen. Fernöstliche Meditationen z. B. sollen zur Wiedergeburt des Menschen anleiten. Schwarmgeistige Bewegungen vielerlei Art versuchen es, in ekstatischer Erregung den alten Menschen zu überwinden durch den neuen, den man vom Himmel holen möchte.

Und das Fazit: Martin Luther behält recht mit seiner Bemerkung, der alte Adam sei ein zäher Bursche, der Kerl könne schwimmen und wolle so leicht nicht seinen Geist aufgeben. Alle Versuche, den neuen Menschen herbeizuzaubern, bleiben unter

dem Gericht Gottes, und sie bleiben ein frommer oder unfrommer Kampf.
Auch die These, der Mensch solle zunächst die gesellschaftlichen Strukturen verändern, um schrittweise in einer erneuerten Gesellschaft dann auch den neuen, den guten Menschen zu schaffen, ist seit dem Beginn dieses Jahrhunderts längst widerlegt worden. Es floß und es fließt dessentwegen zuviel Blut.
Nach dem gnädigen Willen Gottes, der seine Welt und die von ihm geliebten Menschen nicht verludern und verderben lassen will, geschieht jedoch seit den Tagen der ersten Christen schon immer die Wiedergeburt des neuen Menschen. Freilich in aller Stille, ohne große Presse und unsichtbar für die große Welt, als eine Geburt von oben, durch die Liebesmacht des Heiligen Geistes. Aufgrund des Todes Jesu und seiner Auferstehung und durch den Dienst der Kirche in Taufe und Verkündigung der Frohen Botschaft werden laufend Kinder Gottes geboren und zur Gemeinde hinzugetan.
Dieses stille Wunder von oben hat allerdings kraftvolle Wirkungen nach innen und nach außen. Die Gemeinde Jesu kann als das Salz der Erde und als das Licht der Welt nicht übersehen werden. Unter jungen und alten Mitmenschen bricht heute ein neues Fragen nach Gott auf. »Wie werde ich ein Christ?« so lautet die Frage. Ob wir Christen da eine glaubwürdige Antwort bereit haben? Nicht nur verbal, sondern durch ein neues Sein?

»Ist jemand in Christus, so ist er eine neue Kreatur; das Alte ist vergangen, siehe, es ist alles neu geworden!« (2. Kor. 5, 17).

Andersartigkeit und Solidarität des neuen Menschen

In dem großen Römerbrief des Apostels Paulus findet sich im praktischen Teil ein bemerkenswerter Satz, der unsere Situation und das Thema dieser Schrift betrifft:

»Und stellet euch nicht dieser Welt gleich, sondern verändert euch durch die Erneuerung eures Sinnes«, so heißt es dort (Röm. 12, 2).

Das Evangelium von Jesus Christus will also Veränderung bewirken, feststellbare Veränderung, spürbar im Leben des einzelnen, aber auch für die Gemeinde und die Umwelt.

Und nun muß ganz ehrlich und deutlich betont werden, daß die Christen ja nicht als perfekte Menschen oder Engel Gottes in dieser vergehenden Welt umherlaufen. Wer den wahren, den eigentlichen, den vollkommenen Menschen sehen will, der soll auf Jesus schauen. An seinem »Bodenpersonal« läßt sich mancher Mangel ablesen.

Und doch wird die Welt immer wieder überrascht durch die Andersartigkeit der Jünger Jesu. Daß sie in der Welt und doch nicht von der Welt sind, wirkt auf den Beobachter irgendwie schockierend. Nicht als ob dieses Anderssein den Beobachter schon au-

tomatisch auch zu einem Christen machen könnte, aber er stolpert immer wieder über diesen Stein: Wie anders reden, denken, weinen, lachen und handeln doch diese frommen Leute in bestimmten Situationen! Mit dieser Feststellung wird so mancher Zeitgenosse nicht fertig. Und das soll nach dem Willen Gottes, der allen helfen möchte, auch so sein. Diese rätselhaft andersartigen Jünger Jesu sollen und dürfen Signale sein hin auf Christus, vorläufig noch nicht deutbare Signale, aber doch Zeichen, welche das Interesse erwecken und in die rechte Richtung hin auf Jesus weisen.
Letzteres ist aber nur möglich, weil Christen keine Wesen sind von einem anderen Stern, sondern weil sie zugleich in einer echten Solidarität unter ihren Nachbarn, Kollegen, ihren Mitschülern usw. leben. Auch die späteren Christen werden unter Schmerzen von den Müttern geboren. Auch sie leiden äußerlich und innerlich unter den Zwängen und dem Streß des Alltags. Auch sie werden ausgebootet aus dem Arbeitsprozeß, werden zum alten Eisen und gehen der Todesgrenze entgegen. Der Unterschied besteht darin, daß echte Nachfolger Jesu auch in den Zwängen, kurzum in guten und bösen Tagen, in konfliktfreien und in stürmischen Zeiten sich anders verhalten können. Insofern kann von der Existenz der Gläubigen missionarische Wirkung ausgehen. Einer Palette von solchen Beispielen und Möglichkeiten wollen wir hier selbstkritisch nachgehen.

Vom Verfolger der Christen zum Völkerapostel

Kaum jemals hat sich in der Geschichte der Christenheit wieder eine so dramatische Verwandlung ereignet wie durch die Bekehrung des Saulus. Hier geschah nicht eine Evolution, sondern eine totale Revolution des ganzen Lebens.

Hören wir den Apostel in Selbstzeugnissen:
Philipper 3, 4–11 und Apostelgeschichte 26, 1–23

4Auch ich könnte mich auf menschliche Vorzüge
berufen. Ich hätte dazu sogar mehr Grund als
irgendein anderer.
5Ich wurde beschnitten, als ich eine Woche alt war.
Ich bin von Geburt ein Israelit aus dem Stamme
Benjamin, ein Jude aus einer alten jüdischen Fami-
lie. Was die Stellung zum Gesetz angeht, gehörte
ich zur Richtung der Pharisäer.
6Mein Eifer ging so weit, daß ich die christliche Ge-
meinde verfolgte. Gemessen an dem, was das Ge-
setz vorschreibt, stand ich vor Gott ohne Fehler
da.
7Aber dies alles, was ich früher als Vorteil ansah,
habe ich durch Christus als Nachteil erkannt. 8Ich
betrachte überhaupt alles andere als Verlust im
Vergleich mit dem überwältigenden Gewinn, daß
ich Jesus Christus als meinen Herrn kenne. Durch
ihn hat für mich alles andere seinen Wert verloren,
ja ich halte es für bloßen Dreck. Nur Christus besitzt

für mich noch einen Wert. [9]Zu ihm möchte ich um
jeden Preis gehören. Ich will nicht mehr durch die
Befolgung des Gesetzes, aufgrund eigener Lei-
stungen, Gottes Anerkennung finden, sondern weil
ich mich an Christus halte. Denn wenn ich Christus
vertraue, kann ich vor Gott bestehen. [10]Es geht mir
nur noch um Christus, denn ich möchte die Kraft
seiner Auferstehung erfahren. Ich teile seine Leiden
und sterbe mit ihm seinen Tod, [11]damit ich auch an
der Auferstehung vom Tod teilhabe.

Paulus verteidigt sich vor Agrippa: Apostelgeschichte 26, 1–23

[1]Agrippa sagte zu Paulus: »Du darfst reden und
dich verteidigen.« Paulus machte eine Handbewe-
gung und begann: [2]»König Agrippa! Ich freue mich,
daß ich mich heute vor dir gegen die Angriffe der
Juden verteidigen kann, [3]vor allem, weil du ihre Ge-
bräuche und religiösen Streitfragen so gut kennst.
Bitte, hör mich geduldig an! [4]Alle Juden kennen
meinen Lebenslauf; denn ich lebte seit meiner Ju-
gend unter meinem Volk und in Jerusalem. [5]Alle
können bezeugen, daß ich schon immer zur streng-
sten Richtung unseres Glaubens gehört habe, zu
den Pharisäern.

[6]Nun stehe ich vor Gericht, weil ich fest darauf ver-
traue, daß Gott die Zusage einlösen wird, die er un-
seren Vorfahren gegeben hat. [7]Um dieser Hoffnung
willen dienen die zwölf Stämme Israels Gott Tag
und Nacht. Und ich, König Agrippa, werde um der-

selben Hoffnung willen ausgerechnet von Juden
angeklagt! [8]Warum wollt ihr Juden es denn nicht
glauben, wenn Gott tatsächlich einen Toten leben-
dig macht?
[9]Ich hatte zu Beginn allerdings auch gemeint, ich
müßte der Botschaft Jesu aus Nazareth mit Gewalt
entgegentreten.
[10]Das habe ich in Jerusalem auch getan. Mit einer
Vollmacht von den führenden Priestern brachte ich
viele Christen ins Gefängnis und gab meine Stimme
gegen sie ab, wenn sie zum Tod verurteilt wurden.
[11]In den Synagogen suchte ich oft mit Gewalt zu er-
reichen, daß sie ihren Glauben verleugneten. Mein
Haß war so groß, daß ich sie sogar im Ausland ver-
folgen wollte.«

Paulus spricht von seiner Bekehrung und Missionsarbeit

[12]»In dieser Absicht reiste ich im Auftrag der füh-
renden Priester und mit ihrer Vollmacht nach Da-
maskus. [13]Da, mein König, sah ich unterwegs mit-
ten am Tag ein Licht vom Himmel, das heller als die
Sonne auf mich und meine Begleiter herabstrahlte.
[14]Wir stürzten alle zu Boden, und ich hörte eine
Stimme auf hebräisch rufen: ›Saul, Saul, warum
verfolgst du mich? Es ist völlig nutzlos, daß du dich
mir entgegenstellst.‹ [15]›Wer bist du, Herr?‹ fragte
ich, und er sagte: ›Ich bin Jesus, den du verfolgst.
[16]Steh auf, denn ich bin dir erschienen, um dich in
meinen Dienst zu nehmen. Du sollst weitersagen,

was du heute gesehen hast und was ich dir noch
zeigen werde. [17]Ich sende dich zu Juden wie Nicht-
juden und werde dich vor ihnen schützen. [18]Du
sollst ihnen die Augen öffnen, damit sie aus der Fin-
sternis ins Licht kommen, aus der Gewalt des Sa-
tans zu Gott. Denn wenn sie mir vertrauen, wird ih-
nen ihre Schuld vergeben, und sie erhalten ihren
Platz unter denen, die Gott ausgewählt hat.‹
[19]So gehorchte ich also dieser Erscheinung des
Himmels, König Agrippa. [20]Zuerst in Damaskus und
Jerusalem und später in ganz Judäa und bei den
nichtjüdischen Völkern sagte ich den Menschen,
sie sollten umkehren, sich Gott zuwenden und das
durch entsprechende Taten zeigen. [21]Deswegen
haben mich die Juden im Tempel ergriffen und wol-
len mich töten. [22]Aber bis heute hat Gott mir gehol-
fen, und so kann ich hier vor groß und klein als sein
Zeuge stehen. Ich verkünde nichts anderes, als was
die Propheten und Mose vorausgesagt haben:
[23]Der versprochene Retter, sagten sie, muß leiden
und wird als der erste von allen Toten wieder leben-
dig, um Juden wie Nichtjuden die Rettung anzu-
kündigen.« (Die Gute Nachricht)

Nächstenliebe
Zum Beispiel: Mutter Teresa

Ohne Zweifel wird tagtäglich durch ungezählte ungenannte Christen die Nächstenliebe praktiziert, insbesondere auch in den vielfältigen Werken der evangelischen Diakonie. Nichts hindert uns andererseits, einmal über den konfessionellen Zaun zu blicken und im andern Lager Menschen zu entdekken, die in der Nachfolge des Herrn Jesu Barmherzigkeit üben, so z. B. die Mutter Teresa in Kalkutta, die berechtigterweise für den Friedens-Nobelpreis 1979 vorgeschlagen wurde.

Der englische Journalist und Fernsehregisseur Muggeridge schrieb ein Buch über diese Frau mit dem Titel »Ein Leben für die Ausgestoßenen«.[1] Diese jugoslawische Nonne aus bäuerlicher Herkunft war anfangs als Lehrerin in der Loretto-Klosterschule in Kalkutta tätig. Dann aber empfing sie eines Tages ihre eigentliche Berufung.

Sie mußte durch eine der ärmsten Straßen der großen Stadt gehen und erkannte plötzlich, daß sie hierher gehörte und nicht mehr in das Lorettokloster mit seinem hübschen Garten und den braven Schulmädchen. Von nun an waren die Straßen der Stadt ihr Wirkungsfeld.

»In Kalkutta liegt der Tod auf der Straße, das Sterben gehört zum Leben, das Sterben in letzter Armut« (S. 7).

Mutter Teresa und ihre Schwestern fingen an, die Sterbenden am Straßenrand aufzulesen und sie in ein Gebäude zu bringen, das ihnen geschenkt worden war und das früher einmal dem Kult der Göttin Kali geweiht war.

Einige dieser Ärmsten der Armen sterben tatsächlich; andere überleben und werden versorgt. Die Sterbenden aber erhalten den Beistand dieser Christinnen. Mit einem Blick auf ein liebevolles Gesicht können sie hier diese Erde verlassen und in Gottes Ewigkeit eingehen. Mutter Teresa will nicht, daß man von ihrer Person viel Aufhebens macht. Sie weiß, daß sie lediglich das Werkzeug der Liebe Gottes für ihre notleidenden Mitmenschen ist. »Nicht ich lebe, sondern Christus lebt in mir«, ist eins ihrer Lieblingsworte. Nicht so, als ob diese tatkräftige Nonne völlig im Verborgenen arbeitet. Sie unternimmt z. B. Reisen nach Amerika und Europa, um ihre Mitchristen zum Mithelfen für die Elenden, die »menschlichen Wracks« in Kalkutta anzuregen.

Kürzlich hat jemand gefragt, was wohl besser sei für das Tun der Christen in der Welt, die enge Tiefe oder die flache Weite. Der Gefragte gab zur Antwort: dann lieber die enge Tiefe, aber am liebsten die weite Tiefe. Etwas von letzterem verwirklicht Mutter Teresa zur Ehre Gottes.

»So soll euer Licht leuchten vor den Leuten, daß sie eure guten Werke sehen und euren Vater im Himmel preisen« (Matth. 5, 16).

Feindesliebe
Zum Beispiel: Festo Kivengere

Wer in der heutigen Zeit nach einem Beispiel von Feindesliebe Ausschau hält, der findet wohl kein besseres als das des Bischofs Festo Kivengere in

Uganda. Der Diktator und Massenmörder Idi Amin verwandelte sein Land in wenigen Regierungsjahren in eine Hölle auf Erden.
Bischof Kivengere hat das Schicksal seines Landes und insbesondere das der Christen in einem Buch geschildert, das den Titel trägt: »Ich liebe Idi Amin – Triumph der Liebe in Leiden und Verfolgungen.«[2]

Die Kirche von Uganda war von Anfang an Kirche der Märtyrer. Seit dem Tode des ersten Bischofs im Jahre 1885 singen die Uganda-Christen das Märtyrerlied mit dem Vers: »O daß ich Flügel hätte wie die Engel! Ich würde fortfliegen und bei Jesus sein!« (S. 9). Die weltüberwindende Kraft dieser Jesusliebe zeigt sich in folgendem Bericht: »In einer Mädchenschule bestand blutige Feindschaft zwischen den Angehörigen verschiedener Stämme; die Mädchen bekämpften sich gegenseitig und bewarfen sich sogar mit Steinen. Als wir von der Liebe Jesu sprachen, schmolz ihr Haß dahin; sie blieben fast die ganze Nacht zusammen, versöhnten sich miteinander und baten auch die Schulleiterin um Vergebung« (S. 16).
Die Liebe Christi hatte hier gesiegt. »Dies ist die Kraft, nach der die Welt verzweifelt verlangt« (S. 26).
Festo Kivengere, der nach der Entmachtung des Diktators in sein Land zurückkehrte, schreibt am Ende seines Berichtes Worte nieder, die aus dem Geist des Neuen Testamentes stammen: »Wir

schauen mit großer Liebe auf unser Land zurück. Wir lieben Präsident Amin. Wir schulden ihm diese Liebe, denn er ist einer derer, für die Jesus sein kostbares Blut vergossen hat. Solange er lebt, kann er immer noch gerettet werden. Betet für ihn, daß er am Ende ein neues Leben finden und den Weg des Todes verlassen möge« (S. 63–64).

Christus und die Religionen

Der große Franzose Blaise Pascal (geb. 1623) bekennt sich zu dem Gott Abrahams, Isaaks und Jakobs und damit zugleich zu dem Vater Jesu Christi und eben nicht zu dem Gott der Philosophen und zu den Göttern der Religionen.

Das erste Gebot lautet: »Ich bin der Herr, dein Gott. Du sollst keine anderen Götter haben neben mir.«

Haben wir eigentlich schon bemerkt, daß Jesus von Nazareth tolerant und intolerant zugleich war? Tolerant insofern, daß er sagen konnte: »Kommet her zu mir alle, die ihr mühselig und beladen seid« (Matth. 11, 28). Aber eben zu »mir«; denn »Ich bin der Weg und die Wahrheit und das Leben« (Joh. 14, 6). Jesus Christus der alleinige und einzige Retter der Welt! Das ist die frohe Botschaft, die Christen hinaustragen in die Welt. »Es ist in keinem andern Heil« als in diesem Jesus, so predigen es die Apostel. Für diese Botschaft ließen die frühen Christen in der Verfolgung sich den Kopf abhacken.

Auch heute geschieht Mission durch diese Verkündigung, auch unter Lebensgefahr. Sicher ist der Dialog mit Vertretern der großen Religionen wichtig, aber der Ruf zu Jesus kann und darf nicht verstummen. Alle brauchen Jesus. Prof. Helmut Thielicke beschreibt das Schicksal der Religiösen etwa wie folgt: Alle religiösen Menschen gleichen einem Mann, der bei einer Bergwanderung in eine tiefe Gletscherspalte fiel und nun anfängt, nach Hilfe zu rufen. Die Antwort, die er vernimmt, hält er für die Stimme Gottes, und doch hört er immer nur das Echo seiner eigenen Stimme. Nur wenn einer von oben zu dem Verunglückten hinabsteigt, so kann ihm geholfen werden. Dieser eine aber ist Jesus Christus, von dem es heißt, er sei »des Gesetzes Ende« (Röm. 10, 4) und damit das Ende der Religionen.

Unsere Gegenwart ist mit Religion förmlich geschwängert. Wir Christen können da nüchtern bleiben und mit großem Einsatz unsere Menschenbrüder einladen zum Glauben an Jesus.

Mission und Evangelisation sind in einer nachchristlichen und nahezu neuheidnischen Welt unabdingbar. Das gilt auch für ein kommendes Europa, das niemals wieder zu einem »christlichen Abendland« werden wird, in dem aber die christlichen Kirchen, ihre Dienstgruppen und die einzelnen Zeugen Christi eine missionarische Funktion ausüben werden, eben als Salz der Erde und als Licht der Welt.

Der Christ und seine Bibel

Die Bibel ist offenbar einer der größten Märtyrer aller Zeiten. Wie oft ist sie schon verbrannt oder eingestampft worden! Und wie wird sie mißbraucht im Kampf gegen andere Menschen, oft auch gegen Mitchristen anderer Couleur. Bertold Brecht wurde gefragt, welches Buch er am meisten lese. Seine Antwort: »Sie werden lachen – die Bibel!« Er benutzte dieses Buch, um die »verrotteten Christen« bloßzustellen. Es mag sein, daß Gottes Wort ihn dennoch gesegnet hat.

Die sogenannte historisch-kritische Forschung zerlegt und zerfasert die Heilige Schrift bis in das letzte Detail hinein. Für sie ist die Bibel ein Buch wie alle anderen auch. Ohne Frage kommt auch historisch Richtiges dabei heraus, das mir zum rechten Verständnis helfen kann, – aber eben nur historisch Richtiges. Diese Forschung bleibt aber häufig nicht innerhalb ihrer Grenzen. Sie überschreitet sie, wie etwa Heinz Zahrnt mit der Behauptung, die Kirche habe den armen Mann aus Nazareth »hochgejubelt« und Jesus einen Herrn und Heiland genannt und ihn auf Gottes Thron gesetzt.

Zur Bibel finde ich nur so einen rechten Zugang, indem ich höre, wie ein Jünger hört. Paul Schütz spricht von der »leisen Stimme«, mit der die Bibel zu uns reden will. »Da ist eine Stimme in der Bibel, eine Stimme, sonst nichts. Sie ist zudem sehr leise. Du mußt mit Anspannung aller deiner Sinne in die Bibel hineinhorchen«.[3]

»Die leise Stimme ist die Stimme eines anderen. – Sie muß unter allen Umständen die andere und nicht die eigene sein«.[3]
Soweit Paul Schütz, der von der Kunst des Bibellesens weiß. Es genügt ja einfach nicht, die Bibel als Material zur Vorbereitung auf Predigt und Unterricht zu benutzen oder auch nur für die Hausandacht. Eventuell bleibt sie da noch für mich stumm. Ich muß still werden, bis meine eigene Stimme und mein vernunftkluger Kopf verstummen, und dann kann es geschehen, daß die Bibel sich den Hörer schafft und sie mir Richtendes und Befreiendes mitteilt.
Auf einmal wird sie mir »das Licht auf meinem Wege und meines Fußes Leuchte«. Ich sehe noch nicht den ganzen Weg bis zum Ziel vor mir, aber wie im Licht des Scheinwerfers Licht genug des Weges für den Tag und für die Nacht. Das Vaterhaus als Ziel liegt fest. Aus lauter Güte und Freundlichkeit!
Als Konfirmand lernte ich den Spruch: »In der Welt habt ihr Angst; aber seid getrost, ich habe die Welt überwunden« (Joh. 16, 33). Wie gut, daß ich auswendig lernte! Jetzt lerne ich den Trost und die Kraft des Wortes schrittweise auch inwendig. »Ich freue mich über dein Wort wie einer, der große Beute macht« (Ps. 119, 162).

Christen haben eine andere Hoffnung

Ohne Hoffnung kann kein Mensch wirklich existieren. Er lebt von den vielen kleinen Hoffnungen und erst recht von der unüberbietbaren großen Hoffnung, die einen Namen hat, nämlich Jesus Christus, Erlöser und Vollender der Welt.

Die Christen hoffen zunächst auch wie alle anderen auf die Erfüllung so mancher Sehnsüchte und Wünsche, z. B. auf ein gutes Abitur der Tochter und nach erfolgreichem Studium auf ihre Übernahme ins Beamtenverhältnis. – Der Ehemann hofft auf den Erfolg eines operativen Eingriffs und auf die baldige Genesung seiner Ehefrau.

Diese Ereignisse dürfen durchaus erbeten werden, so auch, daß wir Deutschen weiterhin im Frieden unserer Arbeit nachgehen dürfen und daß die schrecklichen Bürgerkriege und Vertreibungen in der Welt aufhören mögen.

»Die Liebe hoffet alles« (1. Kor. 13, 7).

Sie bleibt in der evangelischen Hoffnung nicht bloß für das eigene irdische Wohlergehen, sondern in der Hoffnung für alle Menschen, rein innerweltlich auch für eine etwas humanere Welt. Warum sollten z. B. in Südafrika die schwarzen Brüder nicht endlich neben den Weißen am Altar niederknien, um Christi Leib und Blut zu empfangen? Und warum sollten sie nicht auch dieselbe Schulbank drücken und dann auch im Lokal bei einer Tasse Kaffee ein gutes Gespräch miteinander führen?

Die Nachfolger Jesu wissen aber auch von der Brüchigkeit und Vorläufigkeit aller irdischen Hoffnungen. Ihre eigentliche und vollkommene Hoffnung ist ER, der wiederkommende Herr. Wir werden als die erlösten Kinder Gottes IHN schauen, wie ER ist. Wir werden endgültig frei werden von aller Versuchlichkeit unserer Seele und von aller Hinfälligkeit unseres Leibeslebens. Wir werden teilhaben an der Herrlichkeit Gottes des Vaters. Ja, Christenleute dürfen sich auch freuen auf das Wiedersehen mit ihren Lieben, ganz in der Nähe Jesu und in der vollkommenen Gestalt des neuen Menschen.

Schon jetzt leben wir im Morgenglanz der Ewigkeit. Dann werden wir ganz im Lichte stehn.

»Darum faßt das Ziel entschlossen ins Auge und laßt euch den Blick nicht vernebeln. Setzt eure Hoffnung ganz auf das Geschenk, das euch zuteil wird, wenn Jesus Christus sich uns in seiner Herrlichkeit zeigen wird« (1. Petr. 1, 13, nach »Gute Nachricht«).

Christen sehen ihre Kirche anders

Hin und wieder kann man in einer unserer schönen Kirchen einem Kunstbeflissenen begegnen, also einem Mann, der sich für den kunstgeschichtlichen Wert dieses Bauwerkes mit allen Details vom Baustil über die Gestalt des Taufsteins und der Kanzel bis zum Altar leidenschaftlich interessiert. Warum auch sollte er das nicht tun? Wenn man dann aber forschend fragt, was er höchstpersönlich von einem guten Gottesdienst halte, kann es sein, daß er in Distanz geht und erklärt, er sei eigentlich kein so gläubiger Christ und er habe die Kirche noch kaum bei Gottesdiensten von innen gesehen.

Das also ist durchaus die traurige Möglichkeit, in einer gotischen Kirche mit den Strebepfeilern zum Himmel bewundernd auf die Steine zu schauen und keine Ahnung zu haben von dem, was die Kirche eigentlich beinhaltet.

Den eigentlichen Schatz der Versammlung der Glaubenden entdeckt eben nur der, welcher durch die Macht des Wortes Gottes und des Heiligen Geistes wiedergeboren wurde zu einer lebendigen Hoffnung. Gemeinde Jesu Christi muß ja auch nicht nur sich ereignen zwischen Kanzel, Strebepfeilern und Altar. Sie ist auch dort, wo zwei oder drei sich in einem Hauskreis oder in einer Krankenstube im Namen Jesu versammeln. In meiner Jugendzeit saßen wir zuweilen zu Hunderten auf einer Bauerntenne zwischen Pferde- und Kuhstall, um der Predigt eines vollmächtigen Evangelisten zu lauschen. Während die Tiere mit den Ketten rasselten, konnte es geschehen, daß Frauen und Männer und junge Leute zum lebendigen Glauben erweckt und zu Nachfolgern Jesu wurden.

Das also ist Kirche der Reformation mit ihren missionarischen Folgen. Das Eigentliche dieser Kirche, ihr Proprium, ist Jesus Christus, der Gekreuzigte, der Auferstandene, der Gegenwärtige und der Kommende selbst. Und weil das wahr ist, lieben

Christenleute ihre Kirche. Sie ist ihnen mehr als ein »notwendiges Übel«, wie Heinz Zahrnt es einmal formulierte. Kirche ist ihnen im besten Sinn des Wortes die uralte Mutter, deren Angesicht durch die Jahrhunderte und auch durch manches Versagen mit tiefen Furchen bedeckt ist, und doch wird dieses Antlitz immer wieder transparent für die Gestalt Jesu Christi. In der Verkündigung der »Guten Nachricht«, im Sakrament der Taufe und des Mahles und in der Seelsorge begnadeter Pfarrer und ihrer Mitarbeiter kommt der Heiland helfend und tröstend auf mich zu, um mich von Tag zu Tag zu erneuern.
Das Leiden an meiner Kirche, an ihren Funktionären und Methoden, ist immer auch ein Leiden an mir selbst. Wir alle sind ja diese Gemeinde, die da wie in ihrer frühen Zeit zusammenbleibt »in der Apostellehre, in der Gemeinschaft, im Brotbrechen und im Gebet« (Apg. 2, 42).

Die Christen und ihre Pastoren

Wenn schon von der Kirche zu reden war, dann natürlich auch von ihren Pastoren. In meiner Kindheit erschien der Pastor unserer Landgemeinde mir als ein Wesen von einem andern Stern. Ein hochgewachsener Mann im Schwarzrock als die Verkörperung aller himmlischen und irdischen Autorität, der auch die Schulinspektion ausübte und bei seinem Erscheinen im Klassenzimmer unseren Lehrer vor Respekt erbleichen ließ.

Mindestens seitdem wir auch familiär einen Bezug zu einem Gemeindepastor haben, ist uns die ganze Würde, aber auch die menschliche Last dieses Amtes bewußt geworden. Dieser nicht mehr junge Pastor steht in einer Gemeinde einer westdeutschen Industriestadt als jemand, der oft zwei Sonntagsgottesdienste nacheinander zu halten hat und in der Woche kaum weniger als zwei bis drei Beerdigungen. Dazu die vielen anderen Dienste, z. B. auch Schulgottesdienste. Fünfzig Arbeitsstunden in der Woche sind da die Regel. Und was soll der arme Mann schließlich noch vor Gott und Menschen bezeugen? Sein eigenes Leben gibt nichts mehr her. Nur gut, daß Gottes Wort unerschöpflich ist und daß die Pfarrfrau mit dem Sinn für Wirklichkeit auch für die Menschen da ist. Von diesem Pastor hört man nur gute klare Botschaft. Es gibt aber auch solche, von denen der aufmerksame urteilsfähige Hörer das nicht sagen kann. Bei einem solchen Pfarrer reimt sich jeder Satz auf die bloße Mitmenschlichkeit nach der Weise: »Seid nett zueinander, natürlich nett im Geiste Jesu.« Der Mann erfreut sich großer Beliebtheit bei jung und alt. Den gestandenen Frommen jedoch fehlt offenbar der Kern biblischer Botschaft. Was sollen die Frommen da tun? Beileibe nicht so unbarmherzig und kurzschlüssig reagieren mit dem harten Urteil: Unser Pastor gehört zu den Ungläubigen, zu den Noch-nicht-Bekehrten. Wer kann denn die Herzen erforschen? Mit Sicherheit nur Gott selbst. Doch den Pfarrer in der

Fürbitte vor Gott bringen, das wäre ein guter Dienst. Und die Aussage unter die Lupe nehmen und mit dem Prediger um die Wahrheit zu ringen, das ist besser als hinter seinem Rücken das Jüngste Gericht vorweg zu nehmen.
Oft sind es auch nur die andere Redeweise und der andere Lebensstil, die Anstoß erregen. Gehen wir deshalb brüderlich und sehr barmherzig mit unseren Pfarrern um nach der Hoffnung des Evangelisten Johannes: »Wenn aber jener, der Geist der Wahrheit, kommen wird, der wird euch in alle Wahrheit leiten« (Joh. 16, 13).
In alle Wahrheit, uns die Hörer und ihn, den Pfarrer!

Wir Evangelischen und die anderen Christen

Der letzte Krieg und die Flüchtlingsströme haben die deutschen Stämme arg durcheinander gebracht. Damit dann auch die Konfessionen verschiedener Schattierungen.
Unter uns wohnt eine alte katholische Witwe.
Wir tun einander manche Handreichung, und wiederholt hat diese Katholikin uns bestätigt, daß sie für ihre kranken Nachbarn Fürbitte tut.
Was kann Mitmenschen noch enger verbinden!
Nicht weit von uns entfernt wohnen Baptisten und Altlutheraner. Was liegt da näher, daß man ganz bewußt die guten hilfreichen Kontakte sucht und pflegt!

Einer unserer lutherischen Pastoren, von Geburt Berliner, lud Peter Schneider, den Geschäftsführer der Deutschen Evangelischen Allianz ein, hier in unserer Stadt eine Predigt zu halten und dann auch ein Referat über Geschichte und Aufgabe der Evangelischen Allianz. Kaum jemand von uns hatte bislang gehört von diesem Christenbund, der bewußt kein Kirchenbund sein will. Daß die Allianz bereits 1846 gegründet wurde und somit die älteste christliche Ökumene überhaupt darstellt, erschien den Hörern fast wie eine »Offenbarung«.

An Christus hängen als dem Haupt, eine persönliche Glaubensverbindung mit dem Gekreuzigten und Auferstandenen zu haben und in seinem Dienst zu stehen, das allein ist wesentlich und entscheidend, so bezeugt es das Neue Testament.

Über die sekundären Fragen nach Taufe, nach Gestalt der Kirche, nach dem Verhältnis zur Genfer Ökumene usw. ringen wir ernsthaft und brüderlich miteinander im Geist des Pauluswortes, daß all unsere Erkenntnis noch Stückwerkcharakter hat (1. Kor. 13, 12).

Brüder und Schwestern in Christus, gerade auch aus verschiedenen Konfessionen und Glaubensgemeinschaften, sollen und können freundlich und ehrerbietig miteinander umgehen nach dem Apostelwort: ». . . in Demut achte einer den anderen höher als sich selbst« (Phil. 2, 3).

Das zu praktizieren, befreit mich von dem leidigen und dummen Gedanken im Hinterkopf: »Wenn nur

alle so wären wie ich, so stünde es besser um die Gemeinde, ja, um die Gemeinde Jesu überhaupt«.
Jesus Christus hat aber auch noch die anderen Schafe, die nicht aus diesem Stalle sind (Joh. 10, 16).
Manche seiner Jünger haben sich verirrt bis in die Sekten hinein. Ob nicht z. B.: unter den Neuapostolischen und gar unter den Zeugen Jehovas solche sind, die zwar dem Irrtum verfielen, aber damit nicht ewig verloren sind?
Gott ist größer als unser Herz, ER ist größer denn alles.
»Ich bitte – für sie – auf daß sie alle eins seien« (Joh. 17, 20–21).

Der Christ und seine Mitmenschen

Wie völlig ungerecht und parteiisch betrachten doch manche Zeitgenossen ihre Mitmenschen, und welcher Christ würde nicht versucht, sich auch so herzlos zu verhalten! Man teilt so die anderen ein in die Guten und die Bösen, dazwischen gibt es keine Nuancen. Oft sind Mitmenschen eben nur verwendbare nützliche oder unnütze Wesen.
Nach der Wiedergeburt des neuen Menschen erfolgt ein totaler Blickwechsel. Nunmehr sieht der Christ die »Mitmenschen Jesu«, wie Karl Barth sie nannte, von Jesus her. Auch für sie hing Jesus am Kreuz, und auch für sie stand ER von den Toten auf, um jedermann zu retten und zu verwandeln.

Ich darf und soll jetzt wissen, welchen unendlichen Wert mein Nachbar, mein Mitarbeiter, mein Mitschüler, in Gottes Augen hat. Jeder ist ihm »einen Christus wert« (Siegfried Kettling).
Und in dem Augenblick, da Jesus mich suchte und fand, da meinte er zugleich den Menschenbruder an meiner Seite, der genauso geliebt ist von Gott.
Diese Erkenntnis fordert von mir viel Zartgefühl und geistlichen Takt. Der andere neben mir darf ja nicht zu einem Objekt werden, mit dessen Bekehrung ich sofort beginne. Ich muß da Jesus den Vortritt lassen, der zu seiner Zeit und nach seiner Weise den anderen zu sich ruft.
Mein Zeugnis kann vielleicht zunächst eines ohne Worte sein, eben durch meine Andersartigkeit in mancher Beziehung. Einige junge Christen aus Europa leben seit längerer Zeit mit in einem Kibbuz in Israel. Sie haben sich vorgenommen, mit Gottes Hilfe dort wirklich ihr Christsein zu leben und zwar so, daß sie von den Israelis eventuell nach ihrem Anderssein und damit nach ihrem Glauben gefragt werden. Und sie berichten, daß man sie oft fragt.
Das Zeugnis durch das neue Sein und dann auch durch das Wort benutzt Christus zur Rettung auch seiner Stammesgenossen. Doch will er nicht nur der Stammesgott der Christen und der Juden sein, sondern der Heiland der Welt.
»Lasset uns aber Gutes tun und nicht müde werden« (Gal. 6, 9).

Christen leiden anders

In unserem Dorf oben bei Flensburg praktizierte ein entschieden gläubiger Zahntechniker mit dem wohlklingenden Namen Engel. Wenn man bei Theodor Engel auf dem beweglichen Marterstuhl Platz nahm, um etwa einen vereiterten Backenzahn loszuwerden, so fiel der Blick automatisch auf ein Bibelwort gegenüber an der Wand: »Freuet euch in dem Herrn allewege, und abermals sage ich: Freuet euch!« (Phil. 4, 4).

Ganz gewiß hat das Freudenwort des Apostels manchem ein Anstoß zum Glauben an den Herrn Jesus werden können. In dem Augenblick jedoch, da Herr Engel nach nicht ausreichender Betäubung den vertrackten Backenzahn mit der Zange zog, gab es wohl keinen Unterschied zwischen dem Leiden eines Christen und dem eines Noch-nicht-Christen.

Auch Christenmenschen fallen dem Krebs und dem Herzinfarkt zum Opfer. Auch ihre Kinder können auf der Straße elend umkommen. Und doch leiden sie in vielen Stücken anders: Sie wissen und glauben, daß kein blindes Schicksal sie zu Boden wirft. Schicksal ist das, was der allmächtige und barmherzige Gott ihnen schickt.

Unser jüngster Sohn (einer von sechs Kindern) starb genau an seinem 25sten Geburtstag an den Folgen eines Verkehrsunfalles in der Uni-Klinik in Gießen. Am Sarge unseres Jungen konnten wir es denken und aussprechen: »Unser Gott macht keine

Fehler, – auch hier und jetzt nicht.« Seine Mutter konnte ihrem Gott für die guten 25 Lebensjahre des Sohnes danken, für diese Leihgabe auf Zeit.
Zugegeben: Der Abschied von unserem Peter bleibt bitter. Unsere schweren Fragen nach dem »Warum?« aber sehen wir im Glauben mit hineingenommen in das allumfassende »Warum« des Erlösers am Kreuz.
»Die Leiden dieser Zeit«, wozu für den Nachfolger Jesu auch Haß und Verfolgung hinzukommen, sind für den Glaubenden und Hoffenden »wie ein Tropfen, die zukünftige Herrlichkeit wie ein Meer« (Walter Lüthi).

»Leiden, wer ist deiner wert?
Hier heißt man dich eine Bürde;
droben bist du eine Würde,
die nicht jedem widerfährt.« Albert Knapp

Vom seligen Sterben

Für Millionen Zeitgenossen in unserem Land und gewiß auch anderswo ist der Tod das unheimliche Rätsel des Daseins. Auch nach der Flut moderner Literatur mit Berichten über Erlebnisse jenseits der Todeslinie mit der Rückkehr ins Bewußtsein bleibt das Rätsel ungelöst. Der Hirntod war eben noch nicht eingetreten.
Für ungezählte andere Mitmenschen ist der Tod das absolute Ende des Daseins. Ein Punkt! – Aus!

Es kommt nichts mehr. Man lebt bestenfalls weiter in den Erinnerungen lieber Mitmenschen. Und auch Gott erinnert sich. Über diesen Schlußpunkt kommen bekanntlich auch viele modernistische Theologen nicht hinaus.
Da gibt es aber auch die wunderbare dritte Möglichkeit: Das Sterben der Christen ist wie ein verheißungsvoller Doppelpunkt. »Das Schönste kommt noch!« (Fritz Rienecker). Das Leben mit Christus in Gott war hier Vorspiel, Präludium. Die Fuge wird folgen, – und was für eine Fuge mit ihren unendlichen Variationen.
Christen dürfen nach Hause kommen zu ihrem himmlischen Vater. Sie werden drüben erwartet. Sie werden Jesus schauen, an den sie glauben, und sehen, wie er ist.
Wir erlebten es mit Schmerzen, wie unser Vater nach dem arbeitsreichen Leben eines Kleinbauern vom Krebs förmlich verzehrt wurde und wie dann das Ende kam. Wie souverän ging der Vater der letzten Stunde entgegen! Er wußte über sich Bescheid, ohne daß der Arzt letzte Auskunft gegeben hatte. Von diesem verabschiedete der Vater sich mit einem Dank. Für die Trauerfeier suchte er den Text für die Ansprache und die Choräle aus. Und dann ließ er sich von seinem Ältesten noch einmal das letzte Kapitel der Bibel vorlesen, das von dem »Thron Gottes und des Lammes.« – »Jesus, segne meine Kinder!« so schrieb er es mit zittrigen Buchstaben in ein Neues Testament. Und so ging der Va-

ter heim, nicht in das Grab, sondern wie zu einer Siegesfeier.
Christen sterben anders. Mein alter Adam, der mir hier sehr zu schaffen machte, wird endgültig den Geist aufgeben. Ich werde als der neue Mensch in Christus hindurchgerettet in das ewige Leben. Nachfolger des Auferstandenen sterben nicht in Sarg und Grab hinein, sie sterben mitten in das Leben hinein. »Denn Christus ist mein Leben, und Sterben ist mein Gewinn.« – »Ich habe Lust, abzuscheiden und bei Christus zu sein« (Phil. 1, 21. 23).

Zwischen Kyrie eleison und Halleluja

Himmelhoch jauchzend – zu Tode betrübt, so geht es unter uns Menschen zu, je nach Stimmung und Temperament.
Völlig anders ist es mit dem »Lobet Gott« und dem »Herr, erbarme Dich.« In dem Spannungsfeld zwischen diesem doppelten Ruf leben wir unsere christliche Existenz, was auch die Liturgie jedes Sonntagsgottesdienstes beweist.
In der Gegenwart erleben wir wieder einmal, wie eine christliche Strömung diese beiden Pole trennt. Da geschehen in großen Veranstaltungen Krankenheilungen, Zungenreden und ekstatisches Singen. Alles ist auf Halleluja gestimmt. Wer bekäme nicht Lust, einmal dabei zu sein!
Und doch fehlt hier der andere Grundton, eben das Kyrie eleison. Einmal wird der Herr abwischen alle

Tränen von unseren Augen. Der Tod wird nicht mehr sein, auch nicht mehr Versuchung und Sünde. Aber das Ende dieser Weltzeit, in der wir jetzt stehen, ist noch nicht da. Wir Christen als die begnadigten Sünder bewegen uns noch vom Kyrie zum Halleluja. »Erbarmung ist's und weiter nichts.« Nur auf dem Grundakkord des göttlichen Erbarmens klingt die Melodie des Halleluja überzeugend. Nicht nur in Massenversammlungen, nein im nüchternen Alltag, darf jedoch das Lob Gottes einen kräftigeren Klang bekommen.
»Jeden Tag ein Loblied mehr und ein Klagelied weniger!« so sagte es uns der Vater Bodelschwingh.

Die Sünde macht keinen Spaß mehr

In der Welt von heute kommt das Wort Sünde eigentlich nur noch in Schlagertexten und im Volkswitz vor. »Kann denn Liebe Sünde sein? – Und wenn Liebe Sünde war', so will ich lieber sündigen einmal, als ohne Liebe sein.« So etwa sang es die Zarah Leander. Heute redet man von ungelösten Problemen und Konflikten. Ja, seine Fehler gibt der Mensch zu, aber der ärgerliche und zugleich lächerliche Begriff Sünde ist tabu.
Bekehrte Christen wissen um das schreckliche Wesen der Sünde, die von Gott trennt, weil jede Sünde ein Schlag in das Angesicht Gottes bedeutet. Die größte Stunde der Gläubigen war diejenige, da sie der Vergebung gewiß wurden.

Von nun an muß die Sünde nicht mehr Macht haben über sie. Das Blut des Sohnes Gottes am Kreuz bewirkte nicht nur Sühne für alles Böse. Im Blut Jesu ist auch Überwinderkraft. Der Zwang zum Tun des Bösen wurde überwunden. Der Weg zum Tun des Guten wurde frei. Und wenn jetzt doch noch das Böse in meinem Leben geschieht, so wiegt das doppelt schwer. Es hätte ja nicht sein müssen. Es macht mir keinen Spaß mehr, zornig aufzubrausen und damit meinem Nächsten wehe zu tun und einen Stachel mehr der Dornenkrone Jesu hinzuzufügen.

Mein Trost ist, daß Gott auch Gnade für Rückfällige hat. Und diese Sündergnade will mehr und mehr die Herrschaft antreten und in die herrliche Freiheit der Kinder Gottes hineinführen.

»Wo aber die Sünde mächtig geworden ist, da ist die Gnade viel mächtiger geworden« (Röm. 5, 20).

Christen politisieren anders

Es ist einfach nicht wahr, daß Politik den Charakter verderben muß. Wahr ist es umgekehrt, daß schlechte Charaktere die Politik verderben können. Siehe so manche Bundestagsdebatte!

Weil Gott die von ihm geliebte Welt nicht verkommen lassen, sondern sie erhalten will, darum sollen befähigte »Kinder Gottes« politisch aktiv werden. Auch dazu sind sie das Salz der Erde und das Licht der Welt.

Wahlrecht ist darum für den Christen Wahlpflicht. Begabte Christen gehören hinein in die Parlamente in Gemeinde, Bund und Länder. Sie gehören deshalb auch hinein in die demokratischen Parteien und zwar nicht nur in eine einzige.
Christliche Männer und Frauen verhalten sich dabei in entscheidenden Situationen anders als Nichtchristen. Gewiß ist die Bibel auch für sie kein Rezeptbuch für politische Tagesentscheidungen, aber ihr Gewissen wird geprägt vom Geist der Heiligen Schrift. So werden sie sich im Konfliktfall auch einmal gegen die Parteidisziplin entscheiden müssen. Wohlgemerkt: Die meisten politischen Entscheidungen sind Ermessungsfragen. Hier recht zu handeln, dazu hat Gott jedem die Vernunft als gute Gabe anvertraut.
Eines aber gilt für jeden Christen: Er wird immer und überall Partei ergreifen für die Armen und Unterdrückten, demnach für die Randgruppen in unserer Gesellschaft, z. Z. für Arbeitslose, für die Alten, für die Kinder der ausländischen Mitbürger, für die Sollerfüllung für die Dritte Welt u. a.
Im Parlament kann ein Christ besser als der Nichtchrist den politischen Gegner achten und sich auch einmal über dessen Erfolg ehrlich freuen.
Christen wissen um die Macht der Fürbitte für die Mächtigen dieser Erde (1. Tim. 2, 2). Sie beten für Demokraten, für Faschisten und Kommunisten und nicht gegen sie. Jesus starb für sie alle.
»Suchet der Stadt Bestes!« (Jer. 29, 7).

Christen singen und musizieren anders

Hier denke ich nicht so sehr an die ausübenden Künstler, deren Lebensberuf die Musik ist. Gemeint sind wir alle als musikalische Normalverbraucher. Selbstverständlich wird jeder Christ, der Klavier spielen möchte, fleißig Tonleitern und Etüden üben, bis er zu den Sonaten Beethovens fortschreitet. Und ein Sänger wird fröhlich an Chorproben teilnehmen, wobei ihm liebe Gemeinschaft zuwächst.

In entscheidenden Dingen aber handeln und reagieren Christen total anders. Wer es auf der Violine zu etwas bringt, der entdeckt damit ein Stück seiner Identität. Er kommt dem Entwurf näher, das der Schöpfer mit seiner Person wollte, und somit dankt der Künstler seinem Gott.

In einem bedeutenden Bach-Chor gibt es vielleicht diese Unterschiede: Eine Sopranistin genießt sich in ihrem künstlerischen Tun selbst. Für sie wird Kunst zur Religion. Auch Beethoven unterlag teils dieser Versuchung. – Da steht dann aber auch eine Altistin, die bewußt zur Ehre Gottes im Chor mitwirkt, ganz so wie Bach, Händel und Haydn ihre Musik verstanden.

Instrumentalmusik und Gesang werden von der Menge zumeist fröhlich genossen, ohne daß die innere Struktur des Werkes verstanden wird. Ganz gewiß hat Gott diese fröhlichen Genießer seiner guten Gaben herzlich lieb.

Und warum sollte es dabei immer geistlich und auch nicht einmal »weltlich« zugehen? Als Christ habe ich mal einen Chor mit gläubigen Christen gegründet und mal einen weltlichen Chor, der das deutsche Volkslied pflegt. Letzterer besteht auch noch nach dreißig Jahren.
Geistliche Musik hat nach dem Lob Gottes auch oft eine missionarische Dimension. Es wird berichtet, daß der Christus- und Christenverächter Friedrich Nietzsche zweimal in einer Woche die Matthäus-Passion hörte. Am Ende seines Lebens fand Nietzsche offenbar zu Gott zurück.
Und was für eine wichtige missionarische Funktion erfüllen heute die Songs junger Christen in unseren Gottesdiensten und in der Evangelisation! Der begnadete Liedermacher Manfred Siebald betont mit Nachdruck, wie bedeutsam neben der Melodie die guten Texte sind. Nicht nur durch das gepredigte Wort, auch durch solches neue Liedgut ruft der Heiland die Verlorenen zum Vater zurück.
»Singet dem HERRN ein neues Lied« (Ps. 96, 1).

Christen feiern ihre Feste anders

Es ist nicht ausgeschlossen, daß der Apostel Paulus bei dem Wort an die Römer: »Freuet euch mit den Fröhlichen und weinet mit den Weinenden« (Röm. 12, 15) auch an den Lebensstil Jesu von Nazareth gedacht hat. Jesus feierte ja die Feste mit, zu denen

Fromme und weniger Fromme ihn einluden, als der Freudenmeister. Auf der Hochzeit zu Kana kredenzte man offenbar nicht ungegorenen Traubensaft, wie mir die Blaukreuzler und Guttempler mal einreden wollten, – man trank auf der Hochzeit sicherlich einen guten Tropfen, nämlich den vom Herrn Jesus produzierten Wein.

Wo dieser Herr die Mitte ist, dort herrscht dann auch ein königliches Niveau.

Ist es nicht eine Tragödie, wie sehr die Masse der lieben Deutschen in der Überflußgesellschaft die Fähigkeit zu feiern verlernt hat?

Ob man Hochzeit oder Kindtaufe, Konfirmation oder Weihnachten feiert, – es geht durch die Bank entsetzlich stil- und geistlos zu.

Zumeist sind der Genuß von Kaffee und Torten, sowie von Bier und Korn mit den Männerwitzen aus der unteren Kiste und mit Schlagermusik die Höhe- bzw. Tiefpunkte eines solchen Tages.

Pardon! Es gibt auch noch erfreuliche Ausnahmen, so mit gedämpftem Licht am offenen Kamin und bei guten Gesprächen, auch ohne Christ zu sein.

Im ganzen aber läßt sich die Demontage des guten Tons nicht leugnen.

In christlichen Kreisen aller Besitz- und Bildungsgrade können Feste und Feiern eine aufregend schöne Sache sein, so mit fröhlichem Tiefgang. Ich darf an dieser Stelle ganz ohne die Absicht, die eigene Familie hochzujubeln, unsere Feier der Goldenen Hochzeit kurz skizzieren: Zu diesem nur

einmal im Leben durch die Freundlichkeit Gottes ermöglichten Festtag hatten wir unsere Kinder und Enkel, unsere Nichten und Neffen, in ein nettes Waldhotel in Dithmarschen eingeladen. Nach der Kaffeetafel hörten wir die launige Ansprache des Bürgervorstehers unserer Kleinstadt Heide, wozu eine Skizze vom Werdegang eines Landschulmeisters alter Gattung bis zum wohlverdienten Ruhestand gehörte.
Im anschließenden Gottesdienst in der Dorfkirche diente der älteste Sohn des Hauses, seines Zeichens westfälischer Pastor, mit einem Bibelwort und einer der Schwiegersöhne mit der Austeilung des Heiligen Abendmahls nach reformiertem Ritus.
Im Saal des Hotels ging die Feier dann weiter, auch mit dem Festbraten und mit leckeren Genüssen, sowie mit einem guten Tropfen, aber auch mit geistiger und geistlicher Würze. Da brachte der Sohn aus Köln mit der Frau und den Kindern die Songs junger Christen zu Gehör, und die 14jährige Heike produzierte sich zur Gitarre mit ebensolchen Liedern, aber auch mit den Volksliedern aus dem Unterricht der Schule.
Unsere Tochter aus Duisburg trug Jugenderinnerungen in Versform vor. Und der Goldbräutigam brachte einen detaillierten Bericht über die Zeit, da der »Großvater die Großmutter nahm«. So aus der guten alten Zeit, da junge Christen noch nicht diese frühen Verhältnisse kannten. Der Zielpunkt der Be-

kanntschaft mußte schon geradewegs die Verlobung und die Heirat sein. Alles andere wäre gegen die Tradition und somit gegen die Heilige Schrift gewesen. Zu erwähnen wäre noch, daß bei der Goldhochzeit einige Enkelkinder, die aus verschiedenen Ecken der Bundesrepublik anreisten, sich auf diesem Fest erstmals kennenlernten.
Kurzum: Ein glücklicher Tag unter der Regie des Gottes, der es mit seinen Kindern unendlich gut meint. Sicher nur ein Modell unter vielen möglichen, doch aus dem Verständnis heraus, daß das Leben für Christenleute schon hier in dieser Zeit und Welt festlichen Charakter haben darf, auch trotz der Härte des Alltags.
»Und sie fingen an, fröhlich zu sein« (Luk. 15, 24).

Christen haben einen anderen Humor

Martin Luther wünschte sich in seiner »Deutschen Messe« von 1526 solche Leute, die »mit Ernst Christen sein« möchten. Offenbar haben manche evangelische Christen diesen Ernst falsch verstanden. Luther wollte beileibe nicht, daß Christenleute »wie verkrampfte Halbengel herumlaufen«, wie unser Ältester, der Evangelist Johannes Hansen, es einmal sagte. Als Luther gefragt wurde, was der liebe Gott denn wohl gemacht habe, ehe er die Welt schuf, soll er geantwortet haben: »Damals schnitt er Haselruten für diejenigen, die so vorwitzige Fragen stellen.« Der Reformator konnte spaßig sein.

Ja, wenn in dieser Welt überhaupt jemand Grund hat, aus vollem Herzen zu lachen, so sind es die Jünger Jesu. Sie haben teil am himmlischen Lachen Gottes.

Helmut Thielicke hat sich in einer Schrift mit dem Titel »Das Leben der Heiligen und der Narren« mit dem Humor der Christen beschäftigt[4a]. Er beschreibt den Unterschied zwischen dem gespielten Humor der Weltkinder und dem echten Humor der Christen, der aus der weltüberwindenden Kraft des Glaubens stammt.

Pastoren berichten von dem Echo, das sie nach der Sonntagspredigt aus dem Munde der wohlmeinenden Gläubigen an der Kirchentür mitbekommen. Ungewollt klingen die Äußerungen da manchmal humorvoll. Oh, sagt eine Dame mit bewegter Stimme und mit Tränen in den Augen: »Herr Pastor, Sie sind mit dem Munde wirklich gut zu Fuß. Ich danke Ihnen!« Ein ganz Frommer drückt sich eher biblisch aus: »Herr Pastor, Sie waren heute eine Posaune des Herrn.« – Schwingt nicht bei dieser Unfähigkeit, das Eigentliche zum Ausdruck zu bringen, etwas mit von dem Glück, das aus dem Evangelium von der Liebe Gottes kommt?

Ja, in guten christlichen Familien ist das Lachen zu Hause. Was für schöne Stunden gibt es z. B. in den Häusern, wo der Hausvater aus »Jürnjakob Swehn«, dem Amerikafahrer, vorliest! Und warum sollten nicht Junge und Alte sich auch einmal belustigen durch die »Kinderbriefe an den lieben

Gott«?[4b] Da schreibt z. B. Marion: »Lieber Gott, ich war bei einer Hochzeit. Denk dir, sie küßten sich mitten in der Kirche. Darf man das?

Deine Marion«

Ich denke, diese Kinderfrage spricht Bände. Oder auch diese Frage:
Lieber Gott, mein Lehrer hat gesagt, der Nordpol sei nicht direkt auf der Spitze der Erdkugel. Hast Du noch andere Fehler gemacht?

Silke

Eine Lehrerin der Grundschule erzählt: Wir machten mit der Klasse 2 einen Rundgang durch die Stadt. Dabei besichtigten wir auch unsere Kirche. Nach dem Unterricht fragt die Mutti ihre Anja: »Wie war es denn in der Kirche?« – Anja: »Ach, es war ganz schön. Nur den lieben Gott haben wir nicht gesehen. Wohl aber seine Frau, die war gerade am Saubermachen.« –
Damit auch die Erwachsenen zu Wort kommen: Da äußert sich jemand über den Pfarrer der Gemeinde, wie folgt: »Mit unserm Pfarrer ist es wie mit Gott selbst. Am Sonntag ist er unbegreiflich und in der Woche unsichtbar.« –
Einigen wir uns in Punkto Humor auf das folgende Ergebnis:
1. Christen kennen den Unterschied zwischen der Zote und dem fröhlichen Humor.
2. Auch im Gottesdienst und in der Evangelisation

darf mal gelacht werden. »Wenn der Herr die Gefangenen Zions erlösen wird, so werden wir sein wie die Träumenden. Dann wird unser Mund voll Lachens und unsere Zunge voll Rühmens sein« (Ps. 126, 1–2).

Das sogenannte »christliche Elternhaus«

Es ist nicht etwa so, als ob die Nichtchristen nicht zu erziehen verstünden. Oft gelingt solchen die Aufzucht ihrer Jungen und Mädchen ganz vorzüglich. Da stehen vor einem Exemplare mit hochgradiger Bildung, mit beruflicher Karriere und mit einem ausgezeichneten Verhältnis zu Mutter und Vater bis an deren Lebensende.

In manchen Familien der Christen klappt es nicht unbedingt so glatt und problemlos, und doch ist und bleibt ein geheimnisvoller Segen über diesen Häusern. Ich lese da im »Deutschen Allgemeinen Sonntagsblatt« (Nr. 23/79)[5], das theologisch durchaus nicht immer meinem Geschmack entspricht, einen guten Bericht des Präsidenten der Kirchenkanzlei der Ev. Kirche in Deutschland, Walter Hammer, über Kindheit und Jugendzeit in seinem Elternhaus.

Walter Hammer wuchs auf in einem sogenannten »christlichen Elternhaus«. Der Vater, ein einfacher Mann mit Volksschulbildung und nachmals als Diakon tätig, leitete Freizeiten des Schüler-Bibelkrei-

ses (B. K.), an denen der Sohn intensiv beteiligt war. Diese Tätigkeit und andere Dienste in der Gemeinde »fraßen« förmlich die Familie auf.
Der Sohn fühlte sich so, als ob er für den Vater nicht zuerst das Kind, sondern »nur ein B. K.ler unter vielen« war.
Aber gerade diese Treue des Vaters in der Verkündigung der Frohen Botschaft an die Jungen, unterstrichen durch ein »überzeugendes Vorleben«, hat das Leben des Sohnes geprägt. Trotz aller Kritik an seiner Kirche kann er nicht mehr aufhören, ein bewußter Christ zu sein.
Allen Müttern und Vätern dürfte es längst klar geworden sein, daß sie ihre Kinder nicht zum Glauben erziehen können. Der Glaube vererbt sich nicht und läßt sich nicht anerziehen. Unsere sechs Kinder (vier Jungen und zwei Mädchen) gelangten nur zur Hälfte zum heilsgewissen Glauben im Elternhaus, zur anderen Hälfte nicht dort. Sie wuchsen jedoch alle in der Freiheit der Kinder Gottes und geführt an der langen Leine notwendiger Zucht auf unter dem offenen Himmel der Gnade. Bald nach der äußeren Trennung vom Elternhaus und noch während der Berufsausbildung fanden auch die anderen drei den Weg zu Jesus.
Es mag sein, daß viele Kinder christlicher Eltern heute hinausgehen in die »böse Welt«, indem sie sich von christlicher Tradition abrupt abwenden. Da sollte niemand resignieren. Der Heilige Geist erinnert irgendwie und irgendwann an die wunder-

volle Geborgenheit der Kindheit. Ohne Heimat kann kein junger Mensch leben. Auch die anscheinend völlig Verlorenen durch Drogenkonsum und Atheismus können zurückfinden.
»Denn bei Gott ist kein Ding unmöglich« (Luk. 1, 37).

Sport und Spiel

(Christen in weltlichen Klubs?)

Ja, Christen, die sich für Sport und Spiel interessieren, können durchaus in bestimmten Vereinen dabei sein, z. B. in Sportvereinen verschiedenster Art. Viel zu lange hat auch die Kirche übersehen, daß der Schöpfer den ganzen Menschen geschaffen hat und ihn auch in seiner Leiblichkeit voll bejaht.
Der Apostel Paulus beobachtete sicher mit Interesse die Leichtathleten in der Kampfbahn (1. Kor. 9, 24). Andererseits sieht er auch die Grenzen der »leiblichen Übung«, indem er sagt, sie sei »wenig nütze« (1. Tim. 4, 8). Leibeskultur darf eben auch nicht zur Vergötzung der Leiblichkeit führen.
Damit wurde ein Maßstab für den Christen gesetzt, der sich sportlich betätigt. Es ist bekannt, daß Billy Graham ganz privat und eifrig seinen Körper trainiert, um auch körperlich fit zu bleiben für strapaziöse Großevangelisationen. Der Weltbund des CVJM hat von Anfang an den Sport in sein Programm aufgenommen. In den deutschen Fußballigen kicken hier und dort auch überzeugte junge

Christen mit, offenbar ohne Schaden an ihrer Seele zu nehmen.
Doch muß man schon auf der Hut sein! Ich selber gehörte einmal längere Zeit als Mitglied zu einem Schachklub. Von diesem königlichen Spiel auf den 64 Feldern geht eine faszinierende Anziehungskraft aus, die einen Spieler ganz vereinnahmen kann. Nicht nur, daß ich wöchentlich einmal mit Schachfreunden über dem Brett saß. Meine ganze Freizeit ging drauf, indem ich die Partien großer Meister nachspielte und studierte. Die Hausandacht mit der Familie wurde da zu einer bloßen Pflichterfüllung.
Da griff Gott auf eine sehr schmerzhafte Art befreiend in mein Leben ein. Unser Jüngster, auch ein hervorragender Schachspieler, kam durch einen Autounfall ums Leben. Gott wußte, was er tat, auch in diesem Fall. Ich aber verlor schlagartig die Lust am Spiel, das mir zur Fessel geworden war und meine geistliche Kraft lähmte.
»Mir ist alles erlaubt, es soll mich aber nichts gefangen nehmen« (1. Kor. 6, 12).

Jeder Christ lebt seinen Frömmigkeitsstil

Mit dieser Aussage knüpfen wir direkt an den vorigen Abschnitt an. Es geht da im Leben der Jünger Jesu um die sogenannten Mitteldinge, die nach der Heiligen Schrift weder erlaubt, noch verboten sind,

die aber den Christen mit der Frage: »Ist es erlaubt?« sehr beunruhigen können.
Greifen wir z. B. das Rauchen und den Alkoholgenuß heraus. Wie verschieden verhalten sich da die Christen, oft nach Landschaft und Tradition! Es gab eine Zeit, da die Altpietisten in Württemberg mit einer »Moschtfahn« in die Stunde kamen, aber das Rauchen erschien ihnen eher wie eine Todsünde. Im frommen Siegerland hingegen gab es Christen, die gute Zigarren rauchten, die aber einen Schluck Wein höchstens im Heiligen Abendmahl zu sich nahmen.
Ich persönlich mußte in meinen jungen Jahren einmal von Berufs wegen Guttempler sein. Dann war ich auch freiwillig eine Zeitlang Mitglied im »Blauen Kreuz«. Heute trinke ich in Gesellschaft gerne auch ein Glas guten Weines. Mag sein, daß ich wieder völlige Enthaltsamkeit üben sollte, denn gerade die mäßigen Trinker wirken auf die haltlosen Alkoholiker als die stärksten Verführer.
Wie dem auch sei: Alle solche Fragen: Darf ein Christ tanzen? Darf er ins Kino gehen? Darf er fernsehen, und welche Sendungen darf er nicht sehen? usw. usw. schaffen Unterschiede in der Gemeinde. Sie dürfen nicht zum Hochmut und nicht zur Spaltung führen. Diese Mini-Ethik verliert bei der Lektüre des Hohen Liedes der Liebe in 1. Korinther 13 ihren großen Stellenwert.
Es mag jedoch zutreffen, daß wir als die Nachfolger Jesu einmal wegen gesetzlicher Strenge rechts

vom Pferd fielen und heute eher links vom Pferd. Ohne Zucht des Heiligen Geistes verfallen Christen der Zuchtlosigkeit.
»Alles ist euer, ihr aber seid Christi« (1. Kor. 3, 22–23).
»Aber die Liebe ist die größte unter ihnen« (1. Kor. 13, 13).

Jeder Christ betet anders

Unsere Gebetsgemeinschaften und -versammlungen sind zumeist ein bunter Chor von Betern. Wie verschieden tönen da die Stimmen der Jünger Jesu! Da sind die Lauten und die sehr Leisen. Da die mit den vielen Worten und die mit einem Satz und Seufzer. Da wiederum die, welche betend gewissermaßen eine Ansprache an Gott und den Hörer zu halten scheinen und andererseits solche, die sich demütig und gläubig ganz auf die Gnade verlassen.
Ja, welch ein bunter Chor von Betern! Luther lehrte uns zu bitten und zu beten, »wie die lieben Kinder ihren Vater bitten«. Vielleicht nimmt Gott in seiner Großzügigkeit alle diese Bitten auch an.
Vermutlich haben unsere Gebete aber erst nach Römer 8 die Übersetzung durch den Heiligen Geist nötig. Er ist der Dolmetscher und macht das Beste aus unseren gemeinsamen und einsamen Gebeten.
Jesus lehrte uns das Vaterunser. An diesem Gebet entlang lernt und übt der Beter, was vor Gott Vorrang hat, nämlich die Sache seines Reiches, dann

aber auch mein persönliches und familiäres Ach und Weh. – Wie hilfreich sind da auch die Allianz-Gebetswochen am Anfang eines neuen Jahres! Da lernt man Bitte, Beugung, Dank und Anbetung zu unterscheiden, und der Beter wird durch das andersartige Beten seines Bruders aus der anderen Konfession belehrt und korrigiert. Vor allem gilt es zu lernen, vom Bibelwort her zu beten. An Gottes Wort wird unser Gebet genährt, sonst aber stirbt es an sich selber.

»Sie blieben aber beständig in der Apostel Lehre und in der Gemeinschaft und im Brotbrechen und im Gebet« (Apg. 2, 42).

Ehe und Familie

Früher sagten uns die Pfarrer: »Ehen werden im Himmel geschlossen« und dann auch vor Gottes Angesicht bestätigt. Nach dem so herrlichen geheimen Ja unter vier Augen und nach dem öffentlichen Ja vor dem Standesbeamten folgt das heilige Ja vor Gott, dem Schöpfer und Stifter einer guten Ehe auf Lebenszeit.

Als nach dem Ersten Weltkrieg und nach einer Volksabstimmung 1920 das so schöne Nordschleswig von Deutschland an Dänemark abgetreten wurde, da zog eine deutsche Bauersfamilie vom Norden in den Flensburger Raum. Auf diese Weise lernte ich ein gläubiges junges Mädchen kennen, das meine Ehefrau wurde. Ich konnte sagen:

»Deutschland verlor ein Land, und ich gewann dadurch eine Frau.« Wir beide, meine Maria und ich, sehen darin eine freundliche Führung unseres himmlischen Vaters.
Es wurde eine glückliche Ehe, die wir nach der Goldenen Hochzeit immer noch weiterführen dürfen und die im Alter nur noch mehr an menschlichem und geistlichem Tiefgang gewinnt.
Gewiß, die vollkommene, die perfekte Ehe gibt es nicht. Wir Alten dürfen aber den Jungen Mut machen zur unvollkommenen Ehe unter Gottes Augen. Wir haben einen Herrn, der uns mit unseren Lasten trägt. Sechs Kinder gingen aus der Ehe hervor und danach fünfzehn Enkelinnen und Enkel. Was für ein Reichtum, gegen den ein dickes Bankkonto nichts ist!
Allen jungen Leuten sollten wir Mut machen zu einer festen Bindung in einem Bund, da Gott der Dritte, nein, der Erste ist.
»Es ist nicht gut, daß der Mensch allein sei; ich will ihm eine Gehilfin machen, die um ihn sei« (1. Mose 2, 18).
Die Gehilfin des Mannes, aber auch umgekehrt: Er der Gehilfe seiner Frau. Und insgesamt beide als Gehilfen zur Seligkeit.

Liebe und »Sex«

Diese Überschrift ist die empörende Formel, die man heute so ganz selbstverständlich tagtäglich irgendwo lesen kann. Das verstümmelte Fremdwort Sexualität weist schon hin auf die Verstümmelung der menschlichen Person, die in der dekadenten Welt von heute bedenkenlos geschieht. Die Sexualität selbst gehört zu den guten Gaben Gottes an seine Geschöpfe. Lange genug verteufelte eine bibelfremde kirchliche Moral alle schöpfungsmäßige Geschlechtlichkeit, so besonders der ansonsten so begnadete Kirchenvater Augustin. Auch die herrnhutischen Gemeinden waren zeitweise nicht frei von einer verkrampften Haltung gegenüber der Sexualität.

Nun aber soll nach dem Willen Gottes die geschlechtliche Partnerschaft nicht nur der Zeugung von Nachkommen dienen, sondern auch zur gegenseitigen Beglückung. Die Verkehrtheit der heutigen Moral besteht aber darin, daß die Sexualität weithin von dem umfassenderen Begriff der Liebe getrennt wird. Die Geschlechtlichkeit muß eingebettet sein und geschützt werden durch das Einander – von Herzen – liebhaben.

Der Eros muß der Agape untergeordnet bleiben. Nur so gibt es einen guten Klang. Wird die Erotik jedoch aus dem Zusammenhang gerissen, so wird durch den Mann die Frau zum bloßen Lustobjekt und zur Dirne erniedrigt.

Ein schwieriges und ungutes Problem besteht heute darin, daß häufig der dritte Faktor ausgeklammert wird: die Treue. Man meidet die Ehe und wählt dafür eine unverbindliche eheähnliche Part-

nerschaft. Da kann jeder von beiden nach Belieben das Verhältnis lösen, und Kinder dürfen schon gar nicht kommen. Christliche junge Leute sollten sich davor bewahren lassen und den direkten Weg in die Ehe wagen.
Ein besonderes Kapitel wäre noch die sexuelle Aufklärung unserer Kinder durch die Schule. Falls hier lediglich biologische Aufklärung ohne Erziehung zur Verantwortlichkeit geschieht, so kann ein solcher Unterricht Anleitung zum verfrühten Lustgewinn bewirken. Auf dem Nürnberger Kirchentag von 1979 gab es auf dem Markt der Möglichkeiten wohl auch einen Stand mit der Forderung nach dem Recht auf Kindersexualität.

Einsamkeit und Alleinsein

(siehe Evang. Erwachsenenkatechismus 1975!)

Vor Gott ist jeder allein. – Gott meint und ruft den einzelnen zum persönlichen Glauben an Jesus. Der »ungläubige« Thomas mußte persönlich überführt werden: »Mein Herr und mein Gott!« (Joh. 20, 28). Und keiner kann für den andern sterben, nur Jesus starb für uns alle. Aber jedem einzelnen gilt auch für alle Situationen seines Lebens: »Der Herr ist mein Hirte, mir wird nichts mangeln« (Ps. 23, 1)[6].
Nichtbewältigte Einsamkeit ist ein schweres Schicksal. In unseren seelenlosen Wohnsilos mit den Hunderten von Mitmenschen eilen die Leute unbekannt und ungenannt aneinander vorbei.

Wie viele Ehefrauen leben ungeliebt und einsam neben ihren Männern her und umgekehrt. Da sind auch die vielen Frauen, deren Jahrgangsgenossen im Kriege fielen. Da ist das Heer der jungen Menschen, die mit dem Mann im Evangelium klagen müssen: »Ich habe keinen Menschen« (Joh. 5, 7), keinen Menschen, der mich akzeptiert.
Wer zählt die Zahl der Zeitgenossen, die mit der Einsamkeit nicht fertig wurden und den Tod wählten?
Doch das muß nicht sein. Das von Gott verordnete Alleinsein kann auch Aufgabe und Chance zu einem erfüllten Dasein werden. Denken wir da an unsere Diakonissen, die im Namen Jesu Christi und um seiner Liebe willen die Ehelosigkeit wählen, um den Kranken und Sterbenden zu dienen. Durch eine größere Zahl solcher Schwestern würden die Krankenhäuser wieder humaner werden.
Das Alleinsein zu bejahen, hilft es zu bewältigen und den Mangel in Gutes zu verwandeln. Da gibt es viele konkrete Möglichkeiten des Helfens in der Nachbarschaft, im Beruf und in der christlichen Gemeinde, z. B. Briefe zu schreiben und Fürbitte zu tun. Daß die gläubigen Einsamen in der ganzen Christenheit Gottes allmächtigen Arm in Bewegung setzen, um sein Heilswerk zu treiben, das wird die Ewigkeit offenbaren.
»Der Herr ist mit mir, darum fürchte ich mich nicht; was können mir Menschen tun?« (Ps. 118, 6).

Christen arbeiten und schaffen anders

»Wenn jemand nicht will arbeiten, der soll auch nicht essen«, so steht es im Neuen Testament (2. Thess. 3, 10). Christen kennen den hohen Stellenwert, den die Bibel der Arbeit zumißt. Der Mensch ist dazu berufen, sich die geschaffene Welt Gottes »untertan zu machen« (1. Mose 1, 28) und das Geschaffene »zu bebauen und zu bewahren« (1. Mose 2, 15).

Von dort her bekommt alle menschliche Arbeit ihre Würde. Martin Luther betont daher, »daß auch die Arbeit der Magd im Stall und die der Mutter an der Wiege des Kindes ein rechter Gottesdienst sei«[7]. Wenn sie aber Gottesdienst ist, so soll niemand die Arbeit verachten und sich drücken, aber auch niemand die Arbeit zum Höchstwert und Abgott machen.

»Nur Arbeit war dein Leben, du dachtest nie an dich«, so kann man es in Traueranzeigen lesen, ein Satz, der auch über dem Leben eines Kutschpferdes stehen könnte.

Nein, der Mensch ist mehr als seine Arbeit und mehr als seine Leistung. Die eigentliche und höchste Würde des Menschen ist die, von Gott angenommen und geliebt zu sein. Das gilt auch allen, die aus dem Arbeitsprozeß ausgeschieden sind und allen, denen keine Arbeit ermöglicht wird. Hier Abhilfe zu schaffen, ist Aufgabe des Staates.

Christen können auch durchaus in Arbeitnehmer-

und Arbeitgeberverbänden mitarbeiten, – sie können zum gerechten Ausgleich manches beitragen.
Alle Christen aber müssen sich davor bewahren lassen, daß der Beruf sie auffrißt. Viele werden vom nackten Gewinnstreben umgetrieben. Jemand sagte dazu: Du darfst wohl einen Bauernhof haben, aber der Hof darf dich nicht haben. Vom Fabrikanten und jedem Unternehmer gilt dasselbe.
Auch »Reichsgottesarbeiter« sollten nicht um ihrer Leistung willen hochgejubelt werden, für ihre Dienste wollen wir danken.
»Ich habe viel mehr gearbeitet als sie alle; nicht aber ich, sondern Gottes Gnade, die mit mir ist« (1. Kor. 15, 10).

Vom einfachen Lebensstil

»Die ›Lausanner Verpflichtung‹ der Weltkonferenz für Evangelisation 1974 in Lausanne verlangt in Artikel 9 unter der Überschrift ›Die Dringlichkeit der evangelistischen Aufgabe‹ einen ›einfachen Lebensstil‹ von den Christen in den Wohlstandsländern. Sie sollen dadurch wirksamer zu den Kosten von Diakonie und Evangelisation beitragen«[8].
Damit ist natürlich nicht gemeint, daß die Christen ab sofort mit geflickter Hose und gestopften Strümpfen umherlaufen sollten und daß eventuell auf dem Frühstückstisch statt der Butter jetzt Margarine zu stehen habe. Ernstzunehmen ist der Ruf

von Lausanne allemal, weil das Neue Testament nicht weniger als 19 mal vor der Habsucht und damit vor den Gefahren des Reichtums warnt. Zahllose Christen leben heutzutage bedenkenlos in einem materiellen Luxus, der ihr Christsein zumindest in den Augen ihrer Brüder und Schwestern in der »Dritten Welt« unglaubwürdig macht. In unseren großen und kleinen Städten sind ja doch die Schwarzen und die Farbigen täglich unter uns, zumeist nicht voll anerkannt, aber eben als Mitarbeiter und Beobachter.

Müssen wir uns da z. B. immer nach dem letzten Schrei kleiden? Genügt nicht etwa im neuen Sommer noch der Mantel aus dem vorigen Jahr?

Und wie aufwendig feiern wir weithin unsere Visiten! Es mag da ein Gefälle vom Norden nach dem Süden geben. Bei uns jedenfalls könnten bei einer mittleren Visite von den drei Torten gut zwei fehlen.

Vielleicht sollten wir es auch wieder lernen, für Wegstrecken unter einem Kilometer die Füße zu gebrauchen. Wenn Vater und Mutter das Auto in der Garage lassen und am Feiertag mit den Kinder auf Fahrrädern ins Grüne fahren, so wäre dieser Verzicht doch in Wirklichkeit ein Gewinn an Lebensqualität, ganz abgesehen von dem Energiesparprogramm unserer Regierungen.

Es gibt ja auch Christen, die auf Anraten des Arztes um der Gesundheit willen zu rauchen aufhören. Wie gut wäre es da, wenn »Er« oder »Sie« in Zukunft die

gleiche Summe Geldes beispielsweise für die »Weltbibelhilfe« spenden wollten. Eine Bibel für diesen Zweck kostet genau 12 DM.
Widerstehen wir z. B. doch auch dem dummen Konsumzwang, indem wir das Werbefernsehen einfach ausschalten. Dieses wären einige Tips zum praktischen Neuanfang. Jeder einzelne entscheidet für sich selbst, wo Überflüssiges in Nächstenliebe umgesetzt werden könnte.
»Wenn wir aber Nahrung und Kleider haben, so lasset uns genügen« (1. Tim. 6, 8).

Der Leserbrief als missionarische Möglichkeit

Der heimgegangene Leiter der Berliner Stadtmission und einer der Mitbegründer der Deutschen Evangelischen Kirchentage, Heinrich Giesen, pflegte früh aufzustehen und seine Morgenwache zu halten. Wenn sein Sohn nach ihm das Zimmer betrat, fand er dort die Morgenzeitung und darauf die aufgeschlagene Bibel des Vaters mit dem Text des Tages. Heinrich Giesen wollte auf diese Weise anzeigen, daß die Ewigkeitsordnung Gottes hineingehört in die Tagesordnung dieser Welt und Zeit, als Lebens- und Orientierungshilfe.
Hieran anknüpfend möchte der Verfasser dieser Schrift aufmerksam machen auf den Umgang der Christen mit der Tageszeitung. Er meint, sie sollten eventuell die großen Tageszeitungen wie auch die

lokalen und regionalen gezielt benutzen als missionarische Möglichkeit, wichtige Dinge des Reiches Gottes hier zur Sprache zu bringen.
Immer dann, wenn die Presse kirchliche und religiöse Berichte veröffentlicht, bietet sich für wache Christen die Gelegenheit, in der Leserbriefecke mit einer vom Geist des Evangeliums bestimmten Stellungnahme zu Wort zu kommen. Seit Jahrzehnten nehme ich dieses von vielen noch nicht entdeckte gute Angebot an als eine Möglichkeit, das Evangelium in homöopathischer Dosis unter die Leute zu bringen. Die Zeitung wirkt da so wie die breiteste Kanzel für die Verkündigung. Unter Umständen lesen Tausende den Leserbrief, besonders auch Entfremdete, z. B. hierzulande Unitarier.
Vom Bischof bis zu den sogenannten »schlichten Christen« an der Basis der Gemeinden erhielt ich zustimmende Äußerungen, gelegentlich auch zornige Kritik, oft auch Dank für Hilfe zum Glauben.
Geeignete Themen sind z. B. Berichte über Gemeindeversammlungen, Synoden, Kirchenaustritte, neue Gottesdienstformen, Konfirmation, Religionsunterricht, Jugendsekten, § 218, EC, CVJM, SMD, Bücher von Heinz Zahrnt und Hans Küng, Ökumene usw.
Voraussetzung für das Schreiben solcher Leserbriefe, die erfahrungsgemäß von den Redaktionen gerne angenommen werden, sind ein fester evangelischer Standort, etwas protestantische Zivilcourage und ein Tropfen Juristenblut in den Adern. In

vielen Gemeinden leben Frauen und Männer und junge Christen, die sich ermuntern lassen dürfen zu diesem evangelistischen Dienst. Dem Laien nimmt der Leser die christliche Botschaft eher ab als dem Pfarrer im »Wort zum Sonntag«. Pfarrer und Pastoren werden leider oft als bezahlte »Berufschristen« abgestempelt.

»Was euch gesagt wird in das Ohr, das predigt auf den Dächern« (Matth. 10, 27).

Nicht von der Welt, aber in der Welt und für die Welt

Gleich weit entfernt von Weltverfallenheit und Weltflucht üben die Nachfolger Jesu sich in der Weltüberwindung. Dazu ein aktuelles Interview mit Eugen Ionesco und ein Wort des Apostel Paulus. Römer 8, 31–39 nach »Gute Nachricht«.

INTERVIEW aktuell

Der rumänisch-französische Dramatiker Eugen Ionesco hat der französischen katholischen Zeitschrift »Quatre saisons« ein bemerkenswertes Interview gewährt. Wir bringen daraus einen Auszug.

Frage: Wenn ich Sie recht verstehe, haben Sie den Eindruck, daß die Kirche sich mit ihrer derzeitigen Entwicklung säkularisiert.

Ionesco: Ja, sie macht Zugeständnisse an die Welt, wesentliche Konzessionen, fundamentale, totale

Zugeständnisse. Die Welt geht verloren, die Kirche verliert sich in der Welt ... Ich mag die Pfarrer nicht, die auf der Straße ihre Zigarette rauchen, im Pullover herumlaufen, die Hände in den Hosentaschen, langhaarig und »links« schielend. Sie sind vom Wirbel der Welt erfaßt. Seit einiger Zeit gehe ich nicht mehr zur Kirche, wenigstens nicht mehr nach Notre-Dame-des Champs. In der Kirche hörte ich den Priester sagen: »Seien wir lustig, drücken wir uns die Hand oder die Pfote, Jesus wünscht euch einen fidelen guten Tag« ... Das scheint mir geprägt von einer außerordentlichen Dummheit, von gänzlicher Ungeistigkeit. Die Brüderlichkeit ist nicht Mittelmäßigkeit oder Kumpanei. Wir brauchen vielmehr das Außer-Zeitliche; was ist die Religion ohne das Heilige? Es bleibt uns nichts mehr übrig, nichts Festes mehr. Alles ist in Bewegung, während wir doch einen Felsen brauchen.

Frage: Meinen Sie, daß die Kirche heute, die Priester, Gott in derselben Sprache verkünden können wie vor hundert Jahren? Es gibt doch eine eindeutige literarische Entwicklung.

Ionesco: Sie dürfen sich nur an die Welt wenden in einer Sprache, die nicht die Sprache der Welt ist. Sie müssen es tun in einer sakralen Sprache. Die Sprache, die sie sprechen, ist keine sakrale Sprache. Es ist die Sprache der Zeit, der Gesellschaft, der Kurzlebigkeit. Man muß unbedingt eine Sakralsprache wiederentdecken, man muß dafür sorgen, daß es in der modernen Sprache Unveränderliches gibt.

Frage: Was hätten Sie einem Menschen wie mir zu sagen, der Priester ist in dieser Zeit und der glaubt?

Ionesco: Ich würde ihm sagen: Was suchen Sie in Zivil bei mir?

Frage: Ist das alles? Können Sie mir nicht sagen, ich solle glauben?

Ionesco: Das ist es. Und: Seien Sie etwas Unannehmbares, Unerwartetes, das nicht in dieser Welt steckt. Ziehen Sie eine Soutane an! Was soll dieser Schlips? Sie sind wie jedermann. Ich habe das Bedürfnis, jemanden zu sehen, der außerhalb der Welt ist – zwar in der Welt, aber gleichzeitig außerhalb der Welt.

ZITAT aktuell – unserer Kirche ins Stammbuch

»Ein Mann, der sich mit dem Zeitgeist vermählt, wird bald Witwer sein.«

Sören Kierkegaard (1813–1855)

Aus Rundbrief Nr. 5 der Kirchlichen Sammlung um Bibel und Bekenntnis in Schleswig-Holstein. Neumünster, Mai 1979

Nichts kann uns von Gottes Liebe trennen

31 Was sollen wir sonst noch sagen? Gott ist auf un-
serer Seite, wer kann uns dann noch etwas anha-
ben? 32 Er schonte nicht einmal seinen eigenen

Sohn, sondern ließ ihn für uns alle sterben. Wird er
uns dann mit ihm nicht alles schenken? 33Niemand
kann die, die Gott ausgewählt hat, anklagen. Denn
Gott selbst spricht sie frei. 34Niemand kann sie ver-
urteilen. Jesus Christus ist ja für sie gestorben.
Mehr noch: er ist vom Tod erweckt worden! Er sitzt
an Gottes rechter Seite und tritt für uns ein. 35Kann
uns dann noch jemand von Christus und seiner
Liebe trennen? Etwa Leiden, Not, Verfolgung, Hun-
ger, Entbehrung, Gefahr oder Tod? 36Es heißt ja:
»Deinetwegen sind wir den ganzen Tag in Todesge-
fahr. Wir werden wie Schafe behandelt, die man
zum Schlachten treibt.«
37Nein, mitten in all dem triumphieren wir mit Hilfe
dessen, der uns seine Liebe erwiesen hat. 38Ich bin
gewiß, daß uns nichts von dieser Liebe trennen
kann: weder Tod noch Leben, weder Engel noch
andere Mächte, weder Gegenwärtiges noch Zu-
künftiges, 39weder etwas im Himmel noch etwas in
der Hölle. Durch Jesus Christus, unseren Herrn, hat
Gott uns seine Liebe geschenkt. Darum gibt es in
der ganzen Welt nichts, was uns jemals von der
Liebe Gottes trennen kann. Römer 8, 31–39

ER gibt Heilsgewißheit

Der Theologe Hans-Joachim Kraus teilte in einem Aufsatz in der »Reformierten Kirchenzeitung«[9] folgende Begebenheit mit: »Es geschah am Ende der zwanziger Jahre, als Karl Barth in Wuppertal einen

Vortrag hielt: In der Aussprache drang ein Zuhörer mit unverkennbarem Eifer auf den Redner ein und legte allen Nachdruck auf die große Hauptfrage des Pietismus nach der Existenz und Lebendigkeit der Heilsgewißheit. Barth sollte sich eindeutig zu der Frage äußern:

»Gibt es Heilsgewißheit?« – Barth antwortete: »Es gibt keine Heilsgewißheit; ER gibt Heilsgewißheit!«

Mit dieser Auskunft traf Barth offensichtlich den Nerv vieler Pietisten, indem er von der Bibel her befreiende Klarheit schaffte. Wir können die Gewißheit unserer Errettung und Erlösung eben nicht so haben wie eine Sache, über die wir als einen Besitz verfügen. Gewißheit kann der Glaubende nur haben im Kontakt zu dem lebendigen Herrn Jesus, der immer wieder von seiner Seite aus erneuert wird.

»Ich glaube; hilf meinem Unglauben!« so schrie ein Mann in der Gegenwart Jesu von Nazareth (Mark. 9, 24). Der Auferstandene selbst ist die Hilfe zum Glauben an ihn. Zu einem Glauben, der dann mit dem Dichter kühn bekennen darf: »So wahr Gottes Sonne am Himmel noch pranget, so wahr hab ich Sünder Vergebung erlanget.« Und auch jenen anderen Satz:

»Jesus hält, was er verspricht, das ist meine Zuversicht!«

Nachwort

In allen diesen Betrachtungen über das Anderssein der Christen ging es jedoch zugleich um ihr natürliches Sein als Menschen, die von Gott geschaffen, mit beiden Beinen in dieser Welt stehen und hier ihren Weg gehen.

Es war ja Friedrich Nietzsche, der aus einem evangelischen Pfarrhaus kam und sich vom christlichen Glauben lossagte auch aus dem Grunde, weil er soviel verkrampftes Christentum um sich sah. »Im Grunde gab es nur einen Christen, und der starb am Kreuz . . . Nur ein Leben so wie der, der am Kreuz starb, es lebte, ist christlich«, so sagte es Nietzsche. An Jesus von Nazareth hatte er abgelesen, daß es kein Christsein ohne wahres Menschsein geben kann.

Unser Sohn, der Pastor und Evangelist Johannes Hansen, formuliert diese Tatsache gelegentlich so: »Gott will nicht, daß wir als verkrampfte Halbengel umherlaufen. . . . Wir warten vergebens darauf, daß uns Flügel wachsen. Wer dennoch versucht, sich flatternd vom Boden zu erheben, gibt eine lächerliche Figur ab . . . Das heißt: Wir bleiben Menschen, mit unseren Veranlagungen, Stärken, Schwächen und Gaben, und in diesen Menschen will Christus Gestalt gewinnen« (Zitat aus Deitenbeck, »Eigentlich nichts Besonderes«, S. 105).

Christen sind anders. Sie sind und werden die »Menschen Gottes«, »zu allem guten Werk geschickt« (2. Tim. 3, 17).

Nicolaus Hansen

Benutzte Literatur

1 Muggeridge: Mutter Teresa.
Herderbücherei Bd. 628, Herder Freiburg 1977
2 Festo Kivengere: Ich liebe Idi Amin.
Hänssler-Verlag, Neuhausen-Stuttgart 1977
3 Paul Schütz: Die Kunst des Bibellesens.
Furche-Verlag Hamburg 1964, Stundenbuch 38
4a Helmut Thielicke: Das Leben der Heiligen und der Narren
Herderbücherei Bd. 491, Herder Verlag Freiburg 1974
4b Neue Kinderbriefe an den lieben Gott
Gütersloher Taschenbücher, Siebenstern 203
5 Deutsches Allgemeines Sonntagsblatt Nr. 23/79
Hansisches Verlagshaus GmbH Hamburg
6 Evangelischer Erwachsenenkatechismus 1975, Seite 652 ff.
Gütersloher Verlagshaus Gerd Mohn
7 ebenda Seite 695
8 Zitat aus »idea« 24/79, Seite 11 ff.
von Klaus Bockmühl, Vancouver
9 Reformierte Kirchenzeitung 15. März 1979, Seite 72 ff.
Neukirchener Verlag, Neukirchen-Vluyn

Vom gleichen Autor – in Zusammenarbeit mit seinem Sohn – erschien in unserem Verlag:

Gott erfahren – Christus begegnen

– Ein Stück biblischer Lehre für die Gemeinde –
RKW 205 · Taschenbuch, 47 Seiten · DM 2.80

Ist Gott heute noch Realität? Kann man ihn heute noch erfahren? – Wie begegnen wir Jesus Christus in unserer Zeit und wie begegnet er uns? Die beiden Autoren Nicolaus und Johannes Hansen – Vater und Sohn – versuchen eine Antwort darauf zu geben.
Der Vater, mit Leib und Seele Pädagoge gewesen, jetzt »Hauptlehrer a. D.«, aber intensiv mit biblischen und theologischen Fragen befaßt, offenbar ein lebendiges Beispiel für einen geistig und geistlich wachen Pietismus in der Kirche.
Der Sohn, Pastor im Volksmissionarischen Amt der Evangelischen Kirche von Westfalen und bekannter Evangelist, der dem Aufsatz des Vaters als dankbares Echo eine Predigt beifügt und seinen Vater in einem einfühlsamen Vorwort vorstellt.
Eine reizvolle Lektüre, die weit über den persönlichen Charakter dieser gemeinsamen »Wortmeldung« hinausweist.

Johannes Hansen 5. Auflage

Nach dem Dunkel kommt ein neuer Morgen
– Psalm-Meditationen –

RKW 551 · 64 Seiten, gebunden, 30 mehrfarbige Fotos · Format: 25 x 25 cm · DM/sfr. 24.80

Johannes Hansen, der weithin bekannte missionarische Redner, bisher fast ausschließlich durch seine offenen und zupackenden Predigten hervorgetreten, meldet sich mit erstaunlichen Texten: Keine langatmigen Gedanken, sondern manchmal stille und sensible und dann wieder provozierende und mitreißende Wortketten, die den Leser in eine Besinnung hineinnehmen, die sein Denken und Handeln verändern kann. Der Autor versteht sie als Impuls zum Weitersprechen der alten Gebete der Psalmen. Wer dieses wertvoll gestaltete Buch durchblättert, wird seine Augen immer wieder zwischen herrlichen Bildern und den klaren Texten hin- und hergehen lassen. Wer dieses Buch in die Hand nimmt, wird noch oft danach greifen. Eine Anschaffung, die sich ganz privat lohnt, aber auch besonders in der Gemeinde und als Geschenk für Freunde und Mitarbeiter geeignet ist.

Schallplatte und Tonkassette zum Bildband

12 Meditationen aus dem Bildband, vertont von Siegfried Fietz, gesungen von Siegfried Fietz und den Edwin-Hawkins-Singers. Eine Tonproduktion mit ganz besonderer Ausstrahlung durch Text und Musik. Alle Freunde des Bildbandes werden sich sicher dafür interessieren.

Als Langspielplatte:
RKW 2200 DM 22.–/sfr. 24.20

Als Tonkassette:
RKW 82200 DM 22.–/sfr. 24.20

Die Diaserie zum Bildband

Die Diaserie enthält alle Bilder dieses Buches und ist besonders für Meditationsgottesdienste, für Bibelstunden und Hauskreise geeignet.

RKW 79604 · DM/sfr. 36.–